身边的科学

万物由来

钱

郭翔 / 著

读漫画 / 知常识 / 晓文化 / 做实验

北京理工大学出版社
BEIJING INSTITUTE OF TECHNOLOGY PRESS

版权专有　侵权必究

图书在版编目（CIP）数据

万物由来. 钱/郭翔著.—北京：北京理工大学出版社，2018.2（2019.12重印）

（身边的科学）

ISBN 978-7-5682-5171-6

Ⅰ.①万… Ⅱ.①郭… Ⅲ.①科学知识—儿童读物 ②货币—儿童读物 Ⅳ.①Z228.1②F82-49

中国版本图书馆CIP数据核字（2018）第002206号

出版发行	/ 北京理工大学出版社有限责任公司		
社　　址	/ 北京市海淀区中关村南大街5号		
邮　　编	/ 100081		
电　　话	/ （010）68914775（总编室）		
	（010）82562903（教材售后服务热线）		
	（010）68948351（其他图书服务热线）	责任编辑	/ 张　萌
网　　址	/ http://www.bitpress.com.cn	策划编辑	/ 张艳茹
经　　销	/ 全国各地新华书店	特约编辑	/ 马永祥
印　　刷	/ 雅迪云印（天津）科技有限公司		左　前
开　　本	/ 889毫米×1194毫米　1/16	插　　画	/ 张　扬
印　　张	/ 3	装帧设计	/ 何雅亭
字　　数	/ 60千字		刘龄蔓
版　　次	/ 2018年2月第1版　2019年12月第7次印刷	责任校对	/ 周瑞红
定　　价	/ 24.80元	责任印制	/ 王美丽

图书出现印装质量问题，请拨打售后服务热线，本社负责调换

开启万物背后的世界

树木是怎样变成纸张的？蚕茧是怎样变成丝绸的？钱是像报纸一样印刷的吗？各种各样的笔是如何制造的？古代的碗和鞋又是什么样子呢？……

每天，孩子们都在用他们那双善于发现的眼睛和渴望的好奇心，向我们这些"大人"抛出无数个问题。可是，这些来自你身边万物的小问题看似简单，却并非那么容易说得清道得明。因为每个物品背后，都隐藏着一个无限精彩的大世界。

它们的诞生和使用，既包含着流传千古的生活智慧，又具有严谨务实的科学原理。它们的生产加工、历史起源，既是我们这个古老国家不可或缺的历史演变部分，也是人类文明进步的重要环节。我们需要一种跨领域、多角度的全景式和全程式的解读，让孩子们从身边的事物入手，去认识世界的本源，同时也将纵向延伸和横向对比的思维方式传授给孩子。

所幸，在这套为中国孩子特别打造的介绍身边物品的百科读本里，我们看到了这种愿景与坚持。编者在这一辑中精心选择了纸、布、笔、钱、鞋、碗，这些孩子们生活中最熟悉的物品。它以最直观且有趣的漫画形式，追本溯源来描绘这些日常物品的发展脉络。它以最真实详细的生产流程，透视解析其中的制造奥秘与原理。它从生活中发现闪光的常识，延伸到科学、自然、历史、民俗、文化多个领域，去拓展孩子的知识面及思考的深度和广度。它不仅能满足小读者的好奇心，回答他们一个又一个的"为什么"，更能通过小实验来激发他们动手探索的愿望。

而且，令人惊喜的是，这套书中也蕴含了中华民族几千年的历史、人文、民俗等传统文化。如果说科普是要把科学中最普遍的规律阐发出来，以通俗的语言使尽可能多的读者领悟，那么立足于生活、立足于民族，则有助于我们重返民族的精神源头，去理解我们自己，去弘扬和传承，并找到与世界沟通和面向未来的力量。

而对于孩子来说，他们每一次好奇的提问，都是一次学习和成长。所以，请不要轻视这种小小的探索，要知道宇宙万物都在孩子们的视野之中，他们以赤子之心拥抱所有未知。因此，我们希望通过这套书，去解答孩子的一些疑惑，就像一把小小的钥匙，去开启一个大大的世界。我们希望给孩子一双不同的看世界的眼睛，去帮助孩子发现自我、理解世界，让孩子拥有受益终生的人文精神。我们更希望他们拥有热爱世界和改变世界的情怀与能力。

所谓教育来源于生活，请从点滴开始。

北京理工大学材料学院与工程学院

教授，博士生导师

钱小文成长相册

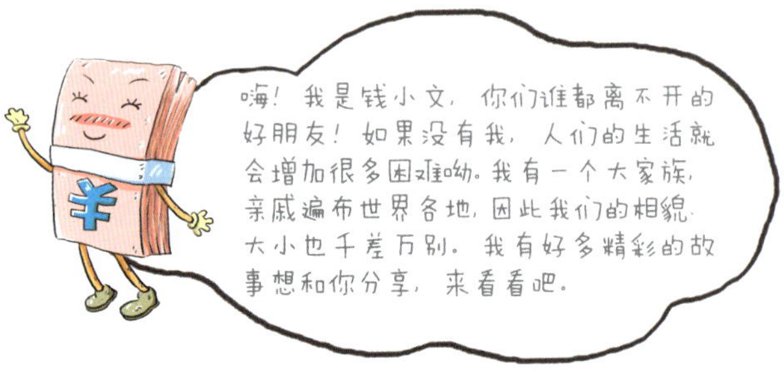

嗨！我是钱小文，你们谁都离不开的好朋友！如果没有我，人们的生活就会增加很多困难呦。我有一个大家族，亲戚遍布世界各地，因此我们的相貌、大小也千差万别。我有好多精彩的故事想和你分享，来看看吧。

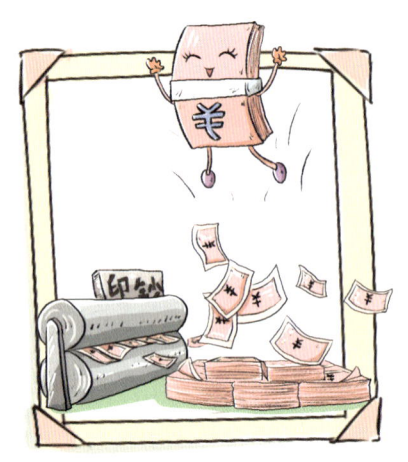

我出生的地方——印钞厂

我的专属座驾——运钞车

我的家族"全家福"

我每天都在努力工作

我喜欢陪小朋友玩存钱罐的游戏

我的足迹遍布世界各个角落

目录

货币历史

造钱工艺

- 2 披着隐形衣的朋友——钱
- 4 钱的时光隧道
- 6 钱币诞生记
- 20 世界各国货币大不同
- 22 钱从哪里来
- 26 钱是怎么制作的
- 34 人民币的一生
- 38 零花钱怎么"花"
- 42 DIY 超萌搞怪的小猪存钱罐
- 44 钱小文旅行记

披着隐形衣的朋友——钱

你是不是有很多好朋友呢，而且记得每个朋友名字？但有一位非常重要的朋友，你可能忘记啦，它总是默默地陪伴着我们，帮我们交换来文具、书籍、糖果，还有好多需要的东西。没错，这位爱穿隐形衣的朋友，就是"钱"。

为什么说"钱"是每个人都离不开的朋友和工具？"钱"真有这么厉害吗？现在，就让我们跟着小明同学，看看他在暑假里的花钱流水账吧。

放假第一天

和妈妈一起购买早餐。早餐花费不多，妈妈从钱包里拿出了几个硬币。

星期五下午

陪妈妈逛超市。妈妈采购了海鲜、蔬菜、水果，收银员阿姨收了妈妈150元的人民币。

旅行结束回家

小明将爷爷给的零花钱投进了小猪存钱罐，为下一次寒假旅行做准备。

巴黎迪士尼乐园

去迪士尼看卡通明星大巡游是小明的最爱，妈妈早早在家用网上银行购买了门票，省去了现场排队购票的时间。

> VISA、MASTERCARD是世界最大的两个信用卡国际组织，带有VISA、MASTERCARD标志的银行卡全球通行。

- 2 -

去欧洲旅行

爸爸妈妈带小明到旅行社报名，爸爸拿出信用卡刷卡缴纳团费。

银行

人民币在欧洲不能使用，小明和妈妈到银行换外汇。妈妈换了价值10000元人民币的欧元。

首都机场

小明想用儿童银行卡买棒棒糖。"用手机支付吧！"爸爸拿出手机按了几下，售货员阿姨将棒棒糖递给了小明。

巴黎街头咖啡店

逛街累了，妈妈带小明到咖啡店休息。咖啡店不能刷信用卡，妈妈在自动取款机上用银行卡取钱，然后买了好喝的摩卡咖啡。

手机支付也称为移动支付，用手机支付代替现金和银行卡已成为一种趋势。

— 3 —

钱的时光隧道

早在5000多年以前，我们的祖先就开始使用货币了。既然钱在我们的生活中如此重要，那么，从古至今，钱又是怎样被人们发明并使用的呢？让我们一起穿越时光隧道，看一看钱在中国的演变历史吧。

1 原始社会随着生产力的发展和分工的出现，人们开始种植粮食、圈养牲畜，出现了使用不完的剩余产品。于是人们用多余的东西互相交换，出现了物物交换。

2 后来，为了交换方便，人们先将自己的物品换成大家都喜欢的商品，再用它们去换回自己想要的东西。这种被大家普遍接受的商品称为一般等价物，包括牲畜、贝壳、粮食等。

8 清末出现机制货币银元，这是我国古代货币史上由手工铸币向机制货币的重大演变。从此，圆形方孔的钱币不再使用。

7 元朝大量使用金和银作为货币，称为"银元宝""金元宝"。

9 1948年，中国人民银行成立并发行了第一套人民币，到现在共发行了五套人民币。我们现在使用的就是第五套人民币。

10 1985年，中国银行发行了国内第一张银行卡，比1950年世界第一张信用卡的诞生时间晚了很久。

3 商朝时，一种用贝壳做成的贝币成为中国最古老的货币。

4 到了春秋战国时期，铜铸货币广泛流行，出现了布币、刀币、圜钱和蚁鼻钱。

6 北宋时期，出现了世界上最早的纸币"交子"，比西方国家发行纸币要早六七百年。

5 公元前210年，秦始皇统一中国，颁布了中国最早的货币法，从此中国统一了货币，而外圆内方的方孔钱则在之后使用了2000多年。

12 现在，人们越来越多地使用移动支付购买东西。

11 1967年，伦敦出现了第一台能自动取款的柜员机，我国则从20世纪80年代中期开始引进并逐渐扩展至全国。

— 5 —

钱币诞生记

几乎每个小朋友都会从爸爸妈妈那里得到零用钱。零用钱可以是硬币，也可以是纸币。我们想去商店买东西的时候，就会将这些硬币、纸币放进钱包随身携带。不过你们知道吗，古代的钱可装不进你们的小钱包；而且，那时候的"钱"有可能重得你扛都扛不动呢。

"一把石斧换你的两头羊？"

"两头！要不然不换了！"

"一头吧？你看这羊多肥！"

"好吧……"

以物易物时代

四五千年前的原始社会，那时可没有现在的商店，古代人如果需要某个东西，就会用自己多余的东西去和别人交换，这种方法叫作"以物易物"。因为没有使用"货币"——也就是"钱"作为交换工具，"以物易物"常常不是等价交换。而且，这种交换方法有时候很不方便，比如没人需要你的东西，或者你用来交换的食物已经腐坏了，那你就只能自认倒霉。

实物货币出现

虽然以物易物的方式遇到了难题,但古人也渐渐发现有些东西很多人都喜欢,比如奶牛、盐就是人见人爱的交换品。于是,聪明的古代人就想出了一个好办法:先将自己的物品换成大家都喜欢的作为"中介物",再用中介物相互交换各自需要的东西。这种中介物就是早期的实物货币,也就是"钱"。

曾充当实物货币的物品:
海贝、粮食、农具、陶器、珠玉、布帛、牛羊、兽皮等。

珠玉

粮食

农具

海贝

兽皮

陶器

布帛

牛羊

海洋里诞生的贝币

但是,古人又遇到了新问题:牛、羊、猪不能分割,五谷容易腐烂,刀铲又太笨重……古人为了找到合适的中介物伤透了脑筋。在大约公元前1200年,人们无意中发现贝壳坚固耐用又方便携带,而且还能计数。于是,集优点于一身的贝壳就成为人们最喜爱的货币,"贝币"也因此被认为是钱币的始祖。

不过天然贝壳只有大海里才有,所以数量很少。于是就有人用兽骨、玉石、铜做成贝壳的样子,分别叫作骨贝、珧贝和铜贝。

原贝　石贝　珧贝　骨贝　铜贝

经久耐用的金属货币

"明天去买米？"

"不行啊，我的贝币不够了。"

由于天然贝的来源有限，在距今3000年前的商朝，匠人们铸造出了经久耐用的铜贝。你知道吗，铜贝是我国最早的铜铸币，也是已知的世界上最早的金属货币。后来，到了春秋战国时期，贝币就渐渐消失了，而金属货币则广泛流行，并形成四大体系，即布币、刀币、蚁鼻钱和圜钱。

金属货币四大体系

1 布币

2 刀币

3 蚁鼻钱

4 圜钱

"布币"不是布做的

古代中国有一种形状类似于铜铲的农具，叫作"镈"[bó]。布币的形状就很像农具镈，又因为"镈""布"同音，所以这种钱币就被叫作"布币"了。最初，布币既被当作实用农具又被当作钱币，一物两用。这样，古人下地干活时看到需要的物品，就用手里的农具去交换，非常方便。后来，布币才慢慢地发展成为专用货币。

布币的几种类型

① 空首布　② 尖足布　③ 方足布　④ 圆足布

看似吓人的刀币

用"刀"买东西？小朋友们别害怕，刀币是春秋战国时期在燕、齐等国通行的一种货币，因为它的外形神似北方游牧民族打猎时使用的刀类工具，因此而得名。不过，刀币并不像布币那么流行，只在当时的北方和东方地区使用。

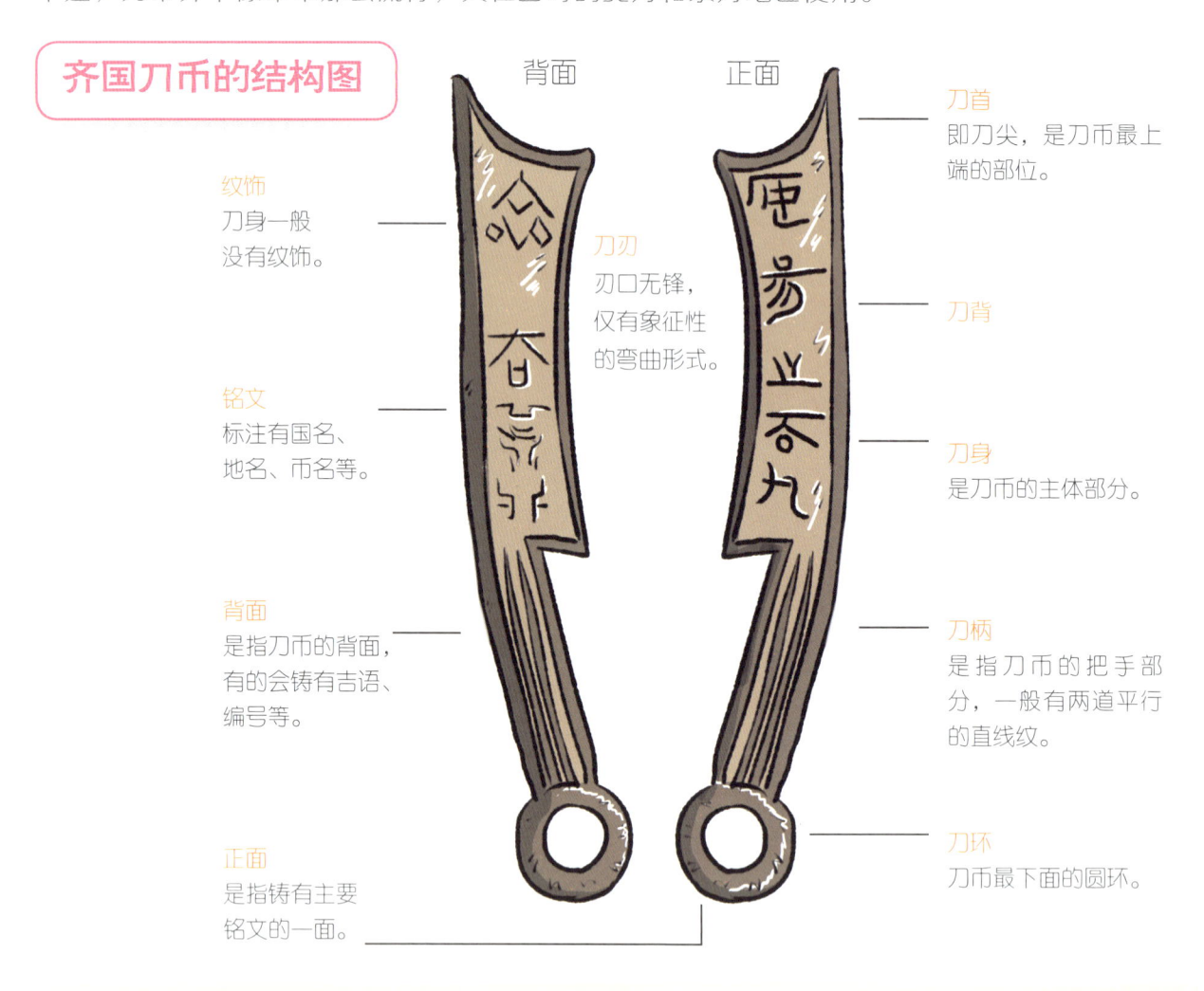

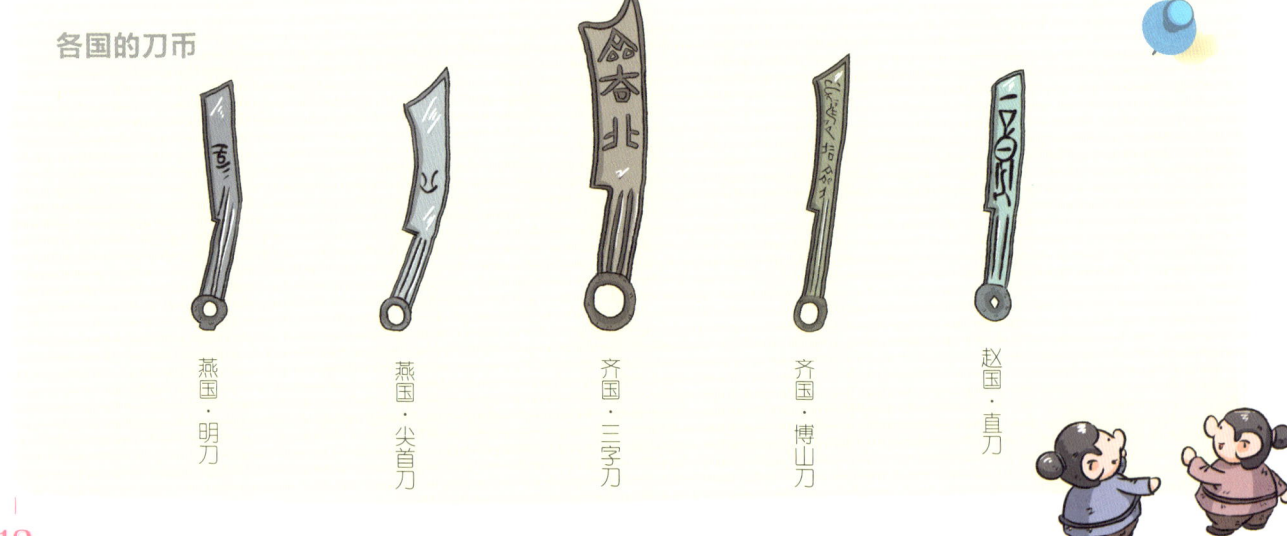

齐国刀币的结构图

背面　正面

纹饰
刀身一般没有纹饰。

铭文
标注有国名、地名、币名等。

背面
是指刀币的背面，有的会铸有吉语、编号等。

正面
是指铸有主要铭文的一面。

刀首
即刀尖，是刀币最上端的部位。

刀刃
刃口无锋，仅有象征性的弯曲形式。

刀背

刀身
是刀币的主体部分。

刀柄
是指刀币的把手部分，一般有两道平行的直线纹。

刀环
刀币最下面的圆环。

各国的刀币

燕国·明刀　　燕国·尖首刀　　齐国·三字刀　　齐国·博山刀　　赵国·直刀

-12-

貌丑心美的蚁鼻钱

　　看到它们，你是不是很惊讶，这也是钱吗？为什么有鼻子有眼睛有嘴巴，长得像人脸呀？是的，这种货币叫作"蚁鼻钱"，也叫"鬼脸钱"，是战国早期楚国铸造的一种铜币。因为当时楚国的经济、文化都比中原地区落后，导致其他货币的形式并未流行到楚国，所以铜铸币的外形一直以来都模仿贝币的形状。看！这种蚁鼻钱上尖下圆，正面凸起，背面平直，尖端常常有一个小孔，正面还刻有"紊、咒、安、君、忻、金、行"等字样。是不是很有趣呢？

1 刻有"紊"字的蚁鼻钱

2 龟壳形蚁鼻钱

3 刻有"君"字的蚁鼻钱

4 刻有"咒"字的蚁鼻钱

5 刻有"行"字的蚁鼻钱

从圜钱到方孔钱

圜钱看起来是不是很好看呢？它的外形圆圆的，中央还有圆孔。你知道吗，圜钱是中国历史上非常重要的一种钱币，在春秋战国时期的秦国、魏国使用。后来到了公元前210年，中国历史上第一位皇帝秦始皇颁布统一货币的法令，废除原来各个国家的货币，在全国都必须使用"半两钱"。而新发行的"半两钱"，就是模仿圜钱的样子，只是把中间的圆孔变成了方孔，所以才有了我们大家熟知的方孔钱。

1

最早的圜钱产生在政治经济制度较为先进的魏国，它仿照玉璧和古时的纺轮外形演化而成。这种形式的钱币，比起"布币""刀币"来更便于携带，也便于互相交换，很受当时人们的欢迎，因此各国纷纷效仿。

2

秦始皇统一六国之后，发现人们用不同的币种进行交换很是麻烦，因此颁布了法令，宣布废止贝币、刀币、布币等各种钱币，统一使用新发行的秦半两钱。"秦半两"以"圆形方孔"为造型，方孔代表地方，外圆代表天圆，象征了古人天圆地方的宇宙观。

> 因为钱币的中间有一方孔，所以就叫作"孔方兄"。哈哈，是不是特别直接。而且，"孔方兄"在中国使用了2000多年，寿命超超长。

3

汉武帝时发行了"五铢钱"，也是采用外圆内方的形式。这是中国货币史上用得最久、最成功的钱币。

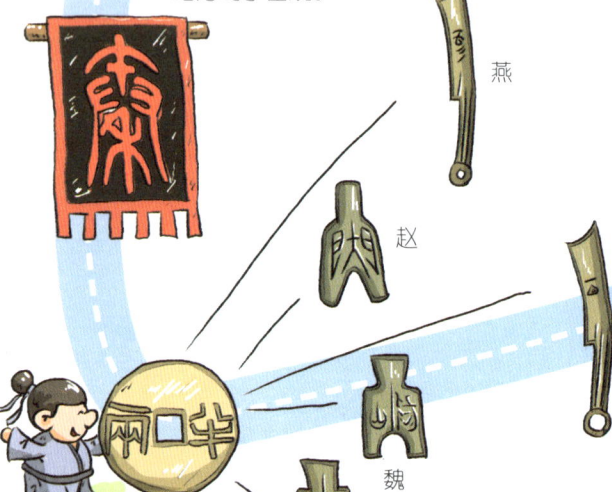

> 你知道吗，钱币上的"半两"二字还是由秦国丞相李斯亲自题写的呢！表示每枚钱币重量为当时的半两（即十二铢）。

4

汉平帝时,王莽篡位,恢复使用以前的旧币。直到王莽的新朝灭亡后,钱币才恢复了外圆内方的形式。

钱小文历史课
袁大头的由来

"袁大头"是袁世凯银元的民间叫法。辛亥革命后,袁世凯当选为中华民国的第一任大总统,他发现市面上流通的中外货币有一百多种,买卖双方都不方便,于是在全国铸造发行了带有自己头像的银币。也许因为银币的图案是袁世凯的光头形象,这种银元就被称为"袁大头"。

5

到了唐代初期,五铢钱被废除,另铸"开元通宝"钱,从此钱币便常刻有"元宝""通宝"的字样。

6

鸦片战争前后,外国的银元大量流入中国,由于规格一致很受欢迎。到了1889年,中国才开始铸造自己的银元,从此圆形方孔的钱币被淘汰,取而代之的是圆形无孔的货币。

钱小文历史课
路费为什么叫"盘缠"?

古代的钱币中间有孔,于是人们就用绳索将一千个钱币串成串再吊起来,出远门办事的时候将铜钱盘起来缠绕在腰间,既方便携带又安全,这就是"盘缠"的由来。

金灿灿和银闪闪

金子和银子是不是你最熟悉的一种"钱"？它们的使用历史非常悠久。你知道吗，在春秋战国时代，楚国人使用一种样子像龟甲的金板，根据需要切割和称量，非常受欢迎。后来，金和银慢慢成为人们最喜欢的货币形式，元朝人还在银锭背面专门铸了"元宝"两个字，所以后来的金银锭才被叫作"金元宝""银元宝"。不过，由于宋朝以前我国的白银量不多，直到明朝和清朝因为对外贸易活跃，外国白银大量涌入，银两才真正成为主要的流通货币。

楚国龟甲状金板货币

银锭有各种各样的形状，元宝也只是银锭的一种，而黄金打造的元宝是直到近代才出现的。

各种各样的银锭

金元宝

钱小文历史课

古代一两银子值多少人民币？

★ 银两就是中国古代以银锭为主要形式的货币。开始于汉朝，明清达到高峰。古代每个朝代一两银子与人民币的价值换算各不相同，大致为：

★ 盛唐时期 2000～4000元。
★ 北宋中期 600～1300元（或1000～1800元）；
★ 明朝中期 600～800元；
★ 清朝中晚期 150～220元。

纸币出现了

虽然金子和银两很流行,但是古人带着它们出远门却一点儿也不好玩。因为,大量的金属货币堆积在一起,实在是太重啦!而且,还有严重的磨损问题。比如放在一起的金子或银子,因为彼此间的碰撞摩擦,不知不觉就磨掉了好多,给人们带来损失。为此,人们很是烦恼。北宋时期,中国人发明了用纸张制成的"交子",才解决了这一问题。于是,轻巧便携的纸币出现了。

世界上最早出现的纸币,是中国北宋时期(公元960—1127年)四川成都的"交子"。

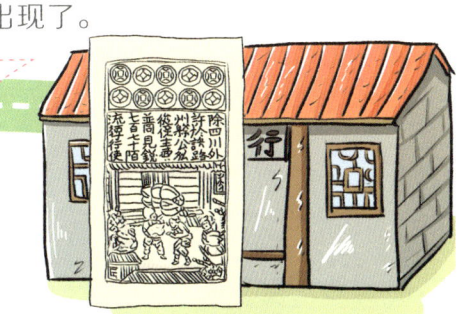

欧洲首次使用的纸币则是1661年由瑞典银行发行的。

如今,世界上共有200多种货币,流通于193个国家和31个地区。

钱小文历史课

"钱"一词的由来

公元前4世纪末,罗马被高卢侵略军包围。夜深人静,高卢人准备对罗马进行偷袭。然而偷袭者惊醒了朱诺神庙中的白鹅,鹅的鸣叫声唤醒了熟睡中的罗马士兵,因此免除了一场危难。罗马人认为是朱诺女神显灵,便称女神为 Juno Moneta,意为警戒者朱诺。公元前280年,罗马人特意将铸币厂建在了朱诺女神庙的旁边,并以女神的名字命名钱币为 meneta,这个词后来演变为法语的 monie,又进入英语变为 money,于是就有了"钱"这个单词。

喜刷刷的信用卡

纸币因为便于携带、制造成本低的优点，让人们在1000多年的时间里一直都非常喜爱它，也成为我们现在生活中最常用的钱。可是，人们在使用中也同样遇到了问题：如果携带金额较多的纸币在身上并不安全，出国兑换外币使用也不方便。于是，在这种情况下，"先消费，后付款"的信用卡就快速发展起来。

那么信用卡怎么用呢？它是一种长方形的特制塑料卡片，在正面印有发卡银行的名称、有效期、号码、持卡人姓名等内容。人们在使用时，不需要支付现金，只需要在特殊的设备上刷一刷，费用就会被记录在账单上，然后在特定的日期把这些费用全部还清就可以了。是不是很方便呢？

钱小文历史课

信用卡是谁发明的？

1949年的一天，美国商人弗兰克·麦克纳马拉在纽约一家饭店招待客人用餐，结账时发现忘带钱包了，不得不尴尬地打电话叫妻子来结账。为了避免再出现同样的问题，麦克纳马拉产生了创建信用卡的想法。1950年，他和好友创立了"大来俱乐部"，提供一种能够证明身份和支付能力的大来信用卡，会员凭信用卡"先消费，后付款"。这就是世界上的第一张信用卡。

互联网时代的"钱"

你是不是很喜欢玩网络游戏呢？互联网虽然看不见摸不到，可是现在的我们谁都离不开它。你知道互联网可以玩游戏，互联网可以买东西，那你知道互联网上的"钱"，和装在钱包里纸币、硬币有什么不一样吗？现在，我们就来看看吧。

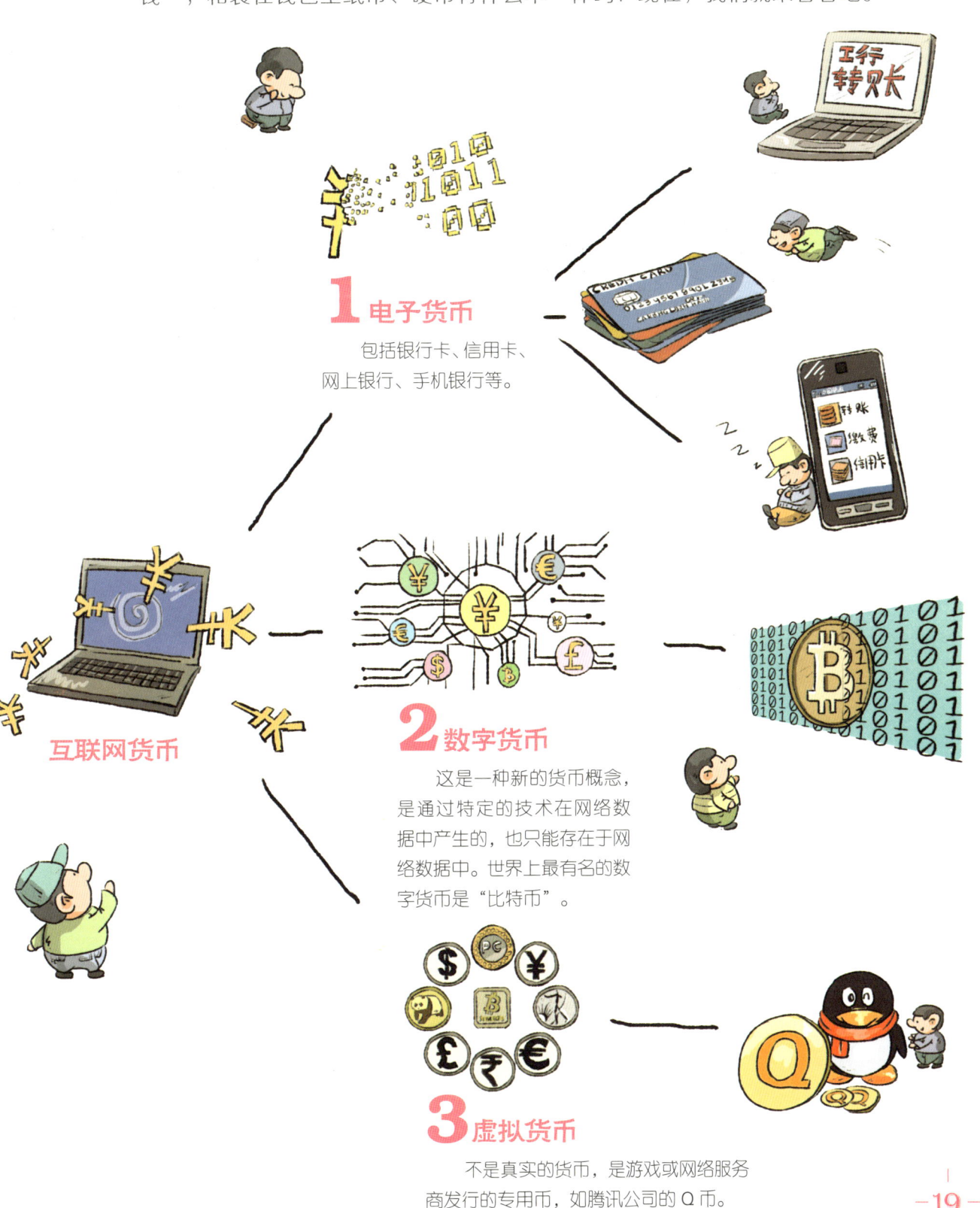

1 电子货币

包括银行卡、信用卡、网上银行、手机银行等。

互联网货币

2 数字货币

这是一种新的货币概念，是通过特定的技术在网络数据中产生的，也只能存在于网络数据中。世界上最有名的数字货币是"比特币"。

3 虚拟货币

不是真实的货币，是游戏或网络服务商发行的专用币，如腾讯公司的Q币。

— 19 —

世界各国货币大不同

除了人民币，小朋友们还见过哪些国家的钱呢？现在全世界流通的货币有200多种。每个国家都有自己独立的货币系统，因此货币的名称和符号都不相同，外观和图案也千差万别。

各国货币单位名称

1 元

中国、美国、日本、澳大利亚、加拿大等14个国家使用的货币的单位名称，也是使用频率最高的货币单位之一。

2 第纳尔

伊拉克、科威特、约旦等国的货币都叫"第纳尔"。据说起源于倭马亚王朝，当时的哈里发在大马士革铸造了这种伊斯兰世界最早的金币。

3 镑

除了英国，土耳其、塞浦路斯、埃及等国的货币也以"镑"为单位。

4 先令

奥地利、索马里、坦桑尼亚等国使用的货币单位（奥地利现在使用欧元），价值相当于人民币的"角"。

5 法郎

瑞士、比利时、法国的货币名称（比利时、法国现在使用欧元）。法国早期的殖民地布隆迪、几内亚、卢旺达等国的货币也叫作"法郎"。

使用欧元的第一个好处就是，人们买东西比以前更省钱；第二个就是在欧洲旅行，再也不用换好多种货币了。

人民币昵称

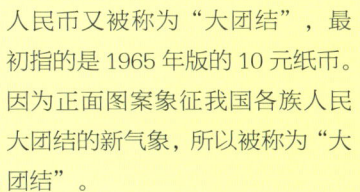

人民币又被称为"大团结"，最初指的是1965年版的10元纸币。因为正面图案象征我国各族人民大团结的新气象，所以被称为"大团结"。

常见的货币符号

① 人民币 ¥
② 美元 $
③ 欧元 €
④ 英镑 £
⑤ 日元 ¥
⑥ 阿根廷比索 ARSS
⑦ 韩元 ₩
⑧ 白俄罗斯卢布 Br

６ 比塞塔

第一枚比塞塔硬币出现在1808年。2002年2月28日午夜12点，使用长达194年的西班牙比塞塔在西班牙停止流通。为了"欢送"比塞塔，首都马德里举行了盛大的送别活动。

钱小文经济课

"走遍"欧洲的欧元

欧洲有43个国家，以前绝大多国家都有自己的货币。为了让欧洲的经济、人才和资源得到最好的分配，许多国家有了统一货币的想法。1999年1月1日，欧元正式诞生；2002年7月，欧元成为欧元区唯一合法货币。欧元区包括德国、法国、意大利、荷兰、比利时等19个成员国。

钱从哪里来
纸币从植物中来

小朋友们一定很好奇,这么重要的"钱"是用什么做的呢?其实,制造钱的原材料一点都不神秘,全部都来自自然界,有的就在我们身边。比如纸币中的一些成分就来自植物的纤维。

> 纸币质地坚韧,不容易折断;用手指轻弹纸币能发出清脆的声音。这都是棉短绒的功劳。

棉花是最大功臣

纸币是在印钞纸上印刷完成的,而制作印钞纸最基本的原料,就是棉花。更准确一点说,是"棉短绒"。

棉短绒加工流程

1 采摘下来的棉花叫籽棉。

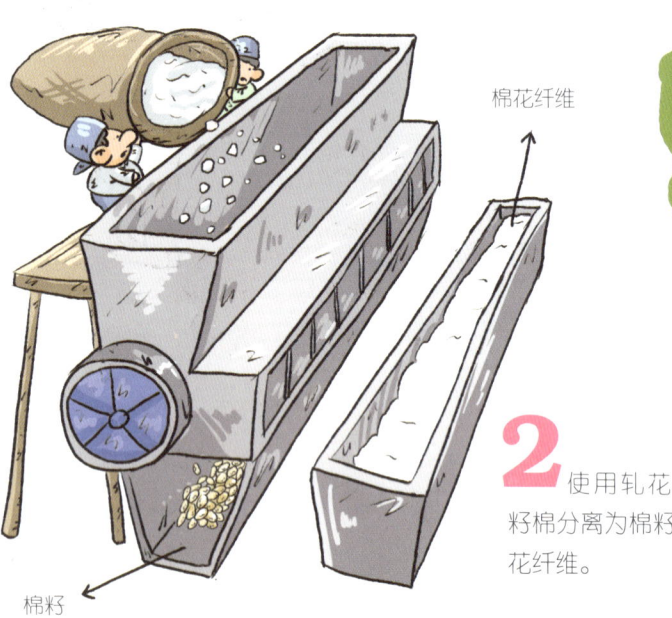

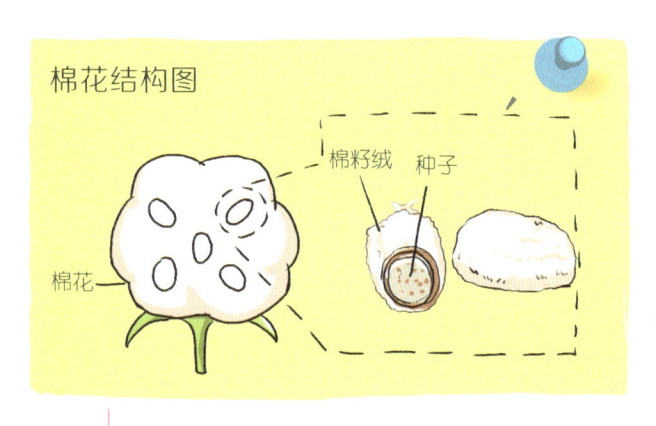

籽棉

2 使用轧花机将籽棉分离为棉籽和棉花纤维。

棉花纤维
棉籽

棉花结构图
棉花 — 棉籽绒 — 种子

3 棉籽被送进剥绒机,将残留在籽壳上的纤维进行三道剥绒。第一道剥下来的长度小于 16 毫米的纤维就是棉短绒,也就是制造印钞纸最重要的原料。

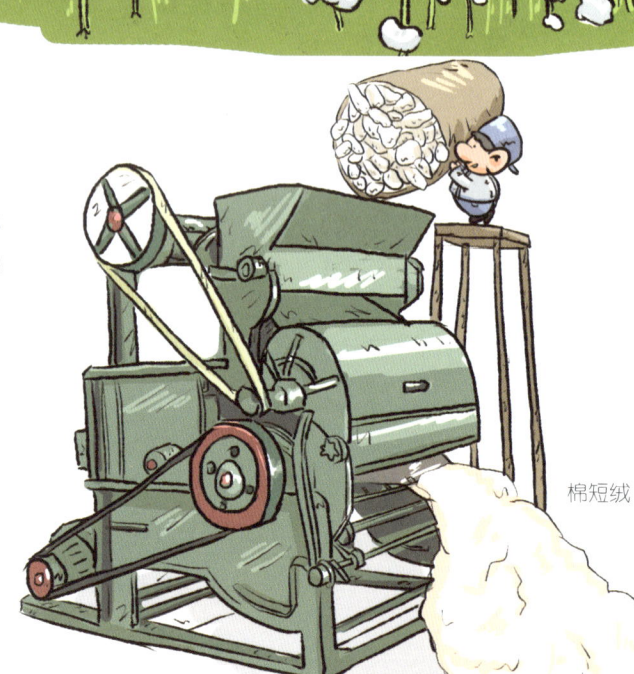

棉短绒

功勋卓著的亚麻

亚麻是制造印钞纸的优质原料。因为属于草本植物，纯天然的亚麻纤维有拉力强、吸湿性好、防污抑菌、阻燃性好等好多优点。美元币纸中亚麻的含量就多达25%。

亚麻 →加工→ 亚麻纤维 →运输→ 印钞纸

不甘落后的树

树木制成的木浆，是制造纸币的另一主要原料。首先砍伐成材的树木，加工后做成纸浆，然后制作成印钞纸来印制纸币。马尾松、落叶松、桦木、枫木等，都是制作优质木浆的树种。

木浆加工流程

1. 去皮
2. 粉碎
3. 分离纤维
4. 浸泡或蒸煮
5. 纸浆混合物经造纸机进行成形、干燥，制成印钞纸。

三桠皮

三桠皮是日本的一种灌木，外皮中含有丰富的韧皮纤维，用它做的纸又结实好看。日本的印钞纸浆中就含有三桠皮成分。

硬币从矿石中来

想不到吧！我们经常使用的硬币竟然是由石头做成的。那些躺在地壳中睡大觉的矿石被人们开采、冶炼、加工、提纯之后，就成为铸造硬币的金属原料。比如铜、锌、镍等金属，它们可都是各国铸造硬币的首选材料。

铜矿石

锌矿石

镍矿石

合金

为了兼顾易于成型，又硬度高抗磨损的要求，现代铸币的材质通常选择两种或多种金属熔为一体的合金。比如第五套人民币的5角硬币，就是钢芯镀铜合金。

世界最大的露天铜矿——宾厄姆峡谷铜矿

位于美国犹他州盐湖城附近，矿坑深达 1200 米，宽 4000 米，面积有 7.7 平方公里，是世界最大的铜矿。1906 年这里是一座大山。经过 100 多年的开采，共挖走了 60 亿吨矿石。原先的大山也不见了，取而代之的是一个巨大的螺旋形矿坑。

钱是怎么制作的

古代制币方法

你知道吗，虽然世界很多地方都使用钱币，但制造钱的工艺却是非常不同的。在古代，西方人用锤子敲打、压制钱币，我们的祖先则用浇铸工艺制造钱币。

中国古代货币的铸造原料以铜为主，也有一些用铁、金、银等金属。"范铸法"是中国最古老的一种铸钱方法。范，就是模具。人们用泥土做好模型，模型中留有和钱币大小一样的空格和孔道，然后将铜液灌入，冷却后取出修整，就变成可以使用的钱币了。现在，我们就来看一看古人制作钱币的过程吧！

古老的范铸法

第一步：制作钱范

① 用泥土制作出铸钱的模具钱范，钱范由正面和反面两部分组成。

钱小文历史课

什么是钱范？

钱范就是古代铸币用的模具，有陶范、石范、铜范等。陶范也叫泥范，是用泥制作的模具。顾名思义，石范，就是用石料制作的；铜范就是用青铜铸成的。陶范铸钱从春秋战国时期就开始了，因为陶范只能使用一次，到了西汉就逐渐被石范、铜范这些可以反复使用的钱范代替了。

② 用钱币在泥土模具的正面和反面分别雕刻好钱的形状和图案，并做出供浇铸铜液使用的浇口和浇道。

❸ 放在阳光照射不到的地方阴干。

第二步：合范和烘范

❶ 将钱范的正面范和反面范对合，形成范包。

❷ 将范包敷泥固定，放入窑内，烧制好就变成陶范。

钱小文民俗课

钱小文民俗课：压岁钱"压"的是什么？

春节，每个小朋友都能收到长辈给的红包，红包里放的钱叫作"压岁钱"。为什么叫压岁钱呢？传说有一个叫"祟"的妖怪，每年的除夕夜都跑出来摸睡熟的小孩的脑门。小孩被他摸过之后，也会变成妖怪。有一年，嘉兴府一户姓管的人家生了一个可爱的宝宝。为了保护孩子免遭祟的伤害，父亲在除夕夜将镇灾辟邪的八枚铜钱压在了小孩枕头底下。一阵阴风吹过，祟蹑手蹑脚地来了。突然，孩子枕下的铜钱迸出一道金光，差点把祟的眼睛晃瞎。祟慌忙逃跑，从此再也不敢来了。后来，人们就将铜钱包在红包里赠予孩童用于祈福辟邪，又因为"岁"和"祟"的发音一样，慢慢地就被称为"压岁钱"了。

第三步：浇铸

① 把铜块放在炉内熔化。

② 再将铜液通过浇口注入陶范。

③ 铜液冷却之后打碎范包，取出铜钱。

哈哈，这些古代钱串起来就像树一样，所以又称为"钱树"。

④ 用一根方形木棍，将方孔圆钱穿成串，再打磨掉毛刺，铜钱就做好了。

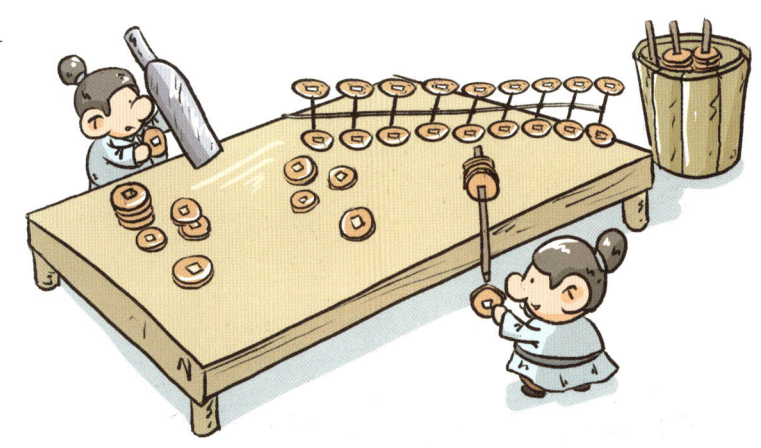

钱小文民俗课

镇灾辟邪的"钱剑"

古人认为钱币象征财富、好运，因此有些钱币上铸有象征吉祥的图案和文字。而且，那时候的人还相信钱币具有镇灾辟邪的功能，所以常常有道士会手里拿一把铜钱做成的"钱剑"来进行宗教活动。

-29-

参观现代化印钞厂

你一定很好奇，我们用的纸币是怎么制作的呢？原来是由印钞机印制的，它可以将一张张纸变成我们使用的花花绿绿的纸币，是不是很神奇呢？当然，它不会像印字那么简单，除了印钞机，印钞厂里还需要各种机器，以及很多工人来协作，每一道工序都非常严格。现在，我们就一起去神秘的印钞厂看看吧。

和我一起去看看我出生的地方吧！

1 印刷车间保持恒定温度，防止印钞纸因为温度过高或过低而变形。

钱小文科学课堂

严格控制的钞票纸

你知道吗，印制钞票的纸和印制作业本、教科书的纸可不一样，不仅光滑、耐磨、坚韧，而且用旧后不起毛边，还有些特别的钞票纸在紫外光下也没有荧光反应。为了防止假钞的出现，这些钞票纸是由国家严格控制的，比如美国政府就规定，未经许可生产同类纸张是违法行为。

纸币的颜色很复杂，是由20多种油墨混合而成的，其中还包括一些隐性油墨。

2 胶印是第一道工序。将雪白的印钞纸送入胶印机，给纸张印上各式各样的底纹。

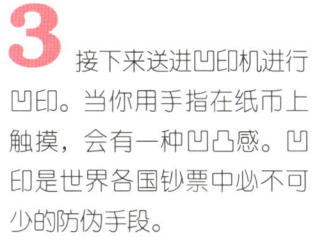

3 接下来送进凹印机进行凹印。当你用手指在纸币上触摸，会有一种凹凸感。凹印是世界各国钞票中必不可少的防伪手段。

4 用计算机扫描印制完成的纸币，查找缺陷。

纸币的水印可以防伪

纸币除了凹印还有水印。你可以向妈妈借一张100元人民币，迎着阳光举起，在正面左侧的空白处能看到图案。这就是水印。水印是公认的行之有效的防伪方法。

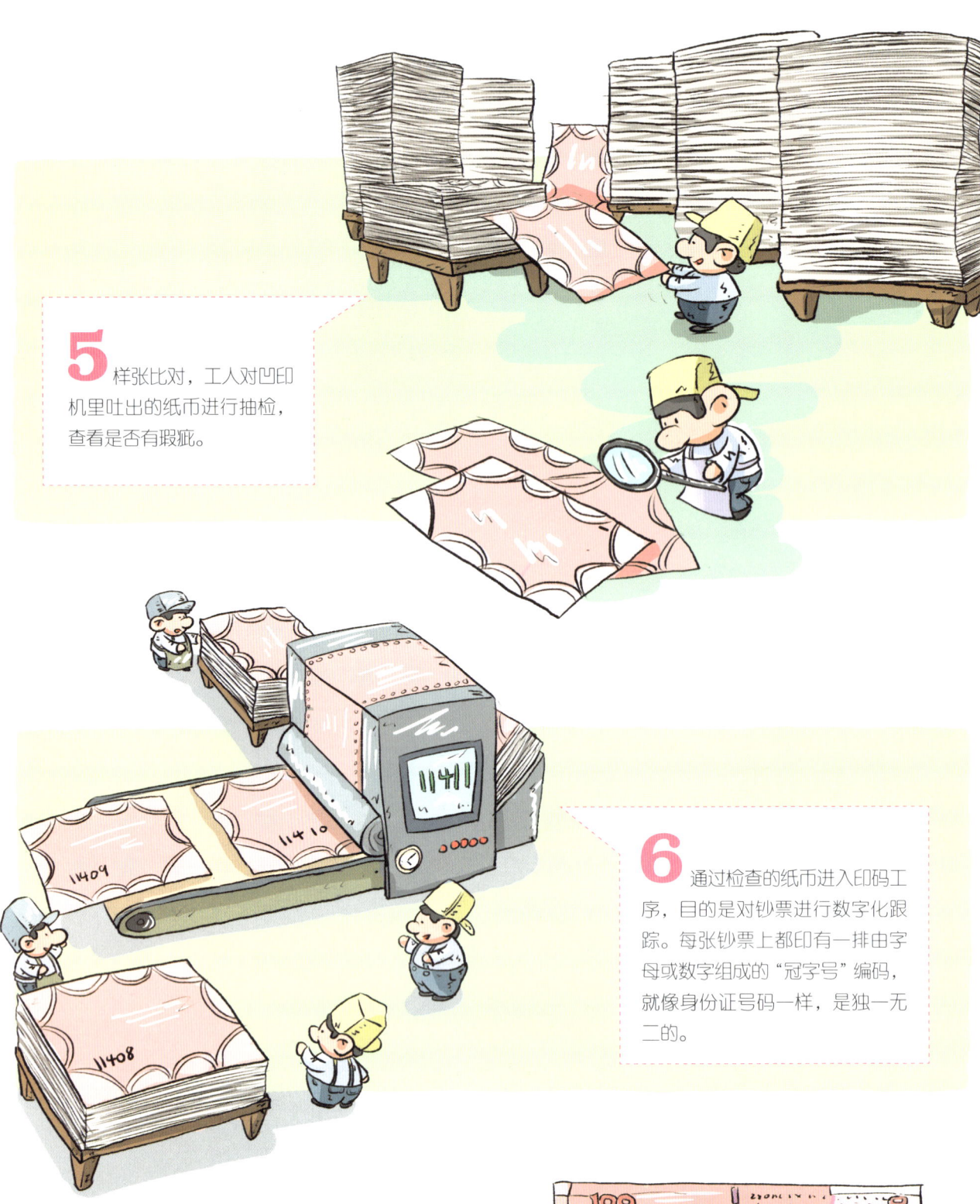

5 样张比对，工人对凹印机里吐出的纸币进行抽检，查看是否有瑕疵。

6 通过检查的纸币进入印码工序，目的是对钞票进行数字化跟踪。每张钞票上都印有一排由字母或数字组成的"冠字号"编码，就像身份证号码一样，是独一无二的。

钱小文经济课

纸币上神奇的线

你知道吗，有一条用塑料或金属做成的线会被编织在纸币里，它叫"安全线"，也叫防伪线。在钞票的两面都能看到这些"缝线"，如果你用一束光照过纸币，就会清晰地看到这条线上的字或者有颜色的图案，人们可以通过它来辨别纸币的真假。

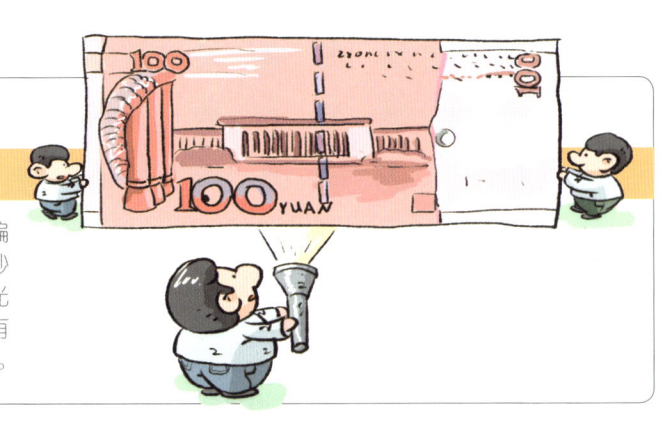

人民币为什么没有 3 元？

在数字 1～10 里，1、2、5、10 是"重要数"，因为这几个数能以最少的加减运算得到另外一些数，比如 1+2=3。所以，有了 1 元和 2 元，3 元就没有存在的必要了。

7 最后一步是检封，也就是检查纸币质量。质检工人查看号码有没有印错，色彩印刷得是否均匀，钞票表面有没有污渍等。

8 合格的钞票被送上机器，进行自动裁切、封装，运往各地银行。

钱小文历史课

自动取款机是谁发明的？

自动取款机的发明者巴伦从巧克力自动贩卖机获得了灵感："如果能从机器里随时拿到巧克力，为什么不能取到钱呢？"在巴伦的努力下，世界上第一台自动取款机于 1967 年诞生，并被安装在英国巴克莱银行的外墙上。不过，当时使用自动取款机提取现金，必须用一张印有凹凸记号的指令牌。将一张印着"10 英镑"的指令牌塞进机器，自动取款机就"吐"出 10 英镑。

人民币的一生

你知道"人民币"的一生是怎么度过的吗？其实，人民币从正式进入我们生活的那一刻起，就已经开启了"在路上"的模式。走走停停，停停再走走。虽然它经常陪伴在我们身边，但是它也会面临"死亡"哦。现在，就让我们和人民币一起去了解它一生的故事吧！

一、流通

1 钱币从银行柜台被取走。

2 自动取款机随时可以"吐"出人民币。

3 纸币在钱包、口袋、收银机、自助售货机之间游走。

4 钱币还可以躺在钱夹里随主人坐飞机旅行。

5 它可以交给便利店收银员购买矿泉水。

6 也许又被收银员找零给新的主人。

二、退出

一张崭新人民币的平均流通寿命只有 3～4 年，之后就慢慢退出流通领域。

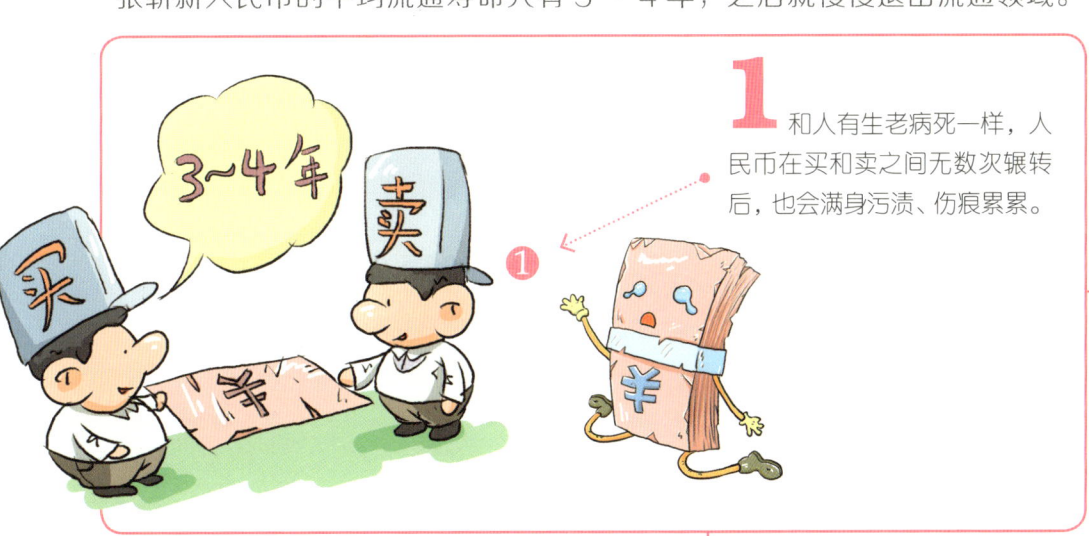

1 和人有生老病死一样，人民币在买和卖之间无数次辗转后，也会满身污渍、伤痕累累。

2 当成为防伪线脱落、图案模糊的旧钞票后，它就不能再使用了。

钱小文经济课

残币兑换

根据规定，残缺的人民币分为全额兑换和半额兑换两种。假如小明有一张 10 元的纸币，不小心撕掉了 1/4，到银行可以兑换一张新的 10 元钞票；如果撕去了 1/2，只能兑换 5 元；如果只剩下不到一半，银行就不给兑换了。

三、回收

为保证我们使用的人民币是整洁的，低于七成新的纸币都被交还给发币银行等待处理。

四、销毁

残损的人民币在银行的金库中稍事休息后，将踏上钱币生涯的最后旅途。

1 帽子、口罩、手套全副武装的复点员，将残损的人民币取出，核对数量，并用验钞机进行假币甄别。

2 成捆的残损币在操作台上被剪封，操作员将残损币送入清分机入钞口，机器将低于标准的钞票挑出，可流通的钞票则重新从出钞口再出来。

3 残损币由传送带送上有两层楼高的大型销毁机，首先在粉碎机中粉碎成条，再被碾磨成粉末状，通过管道输送到压块机内。

4 100元面值的残损币碎片被压成圆柱形纸砖。一个纸砖重量为100多克，原面值为17000多元。其余面额的残损币被压成方形纸砖，原面值为3万元左右。

五、新生

人民币废料将奔赴新的岗位——发电厂。

1 残损币纸砖被装上运输车，送往发电厂。残损币纸砖热值高、含水量低，是发电的优良原料。

2 残损币纸砖再次被粉碎，掺入10%的秸秆后搅拌混合。

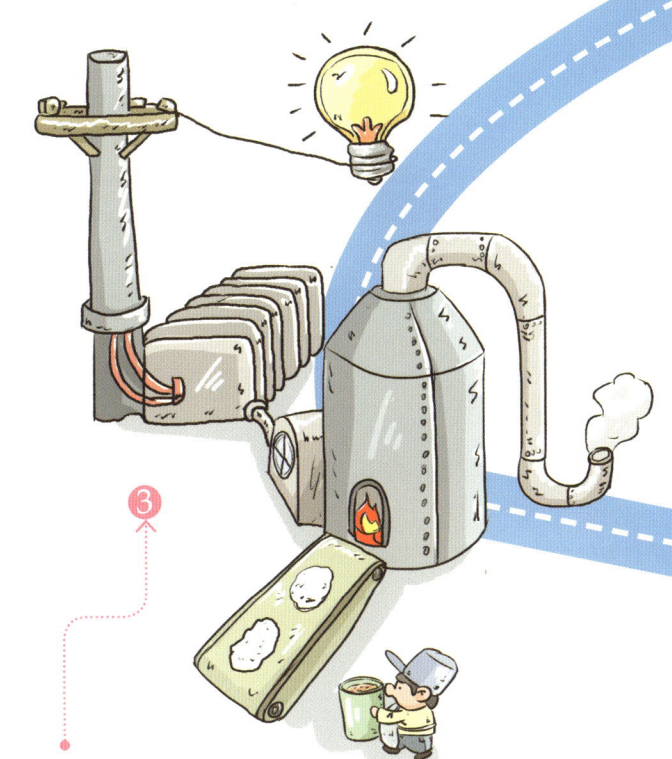

3 残币秸秆混合物被送上传送带，进入焚烧炉，转化为电能。

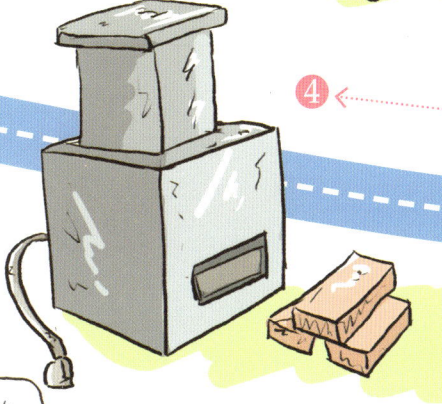

4 焚烧后的灰烬被制作成建筑用砖，运往建筑工地。

一车30吨的废料能够发电30000千瓦时，可供一个普通家庭使用30个月。

零花钱怎么"花"

平时，爸爸妈妈都会给小朋友们一些零花钱，这些钱你是怎么花的呢？是立刻去买喜欢的东西，还是会存起来呢？虽然这些钱可能不多，但是学会存钱和理财也很重要哦。要知道，小小的理财意识会帮你省钱，并把钱使用在合理的地方。

学会用存钱罐存钱和花钱

压岁钱、零花钱，还有妈妈给的奖励……有没有想过把它们存起来？如果有，你知道钱应该存在哪里吗？对于小朋友来说，最简单的就是存钱罐了。你可以随便拿一个罐子当存钱罐，然后在这个罐子上写上你的愿望或梦想。你要为自己的每一个愿望准备一个存钱罐，比如给妈妈买生日礼物，或为自己买一本喜欢的书等。这样你就不会乱花钱了，并把省下的每一分钱放进去。当你的钱存够了，就可以拿出来去实现自己的愿望了。

钱小文历史课

小猪存钱罐的由来

piggy bank 是说英语的外国人对存钱罐的叫法，直译过来就是"小猪银行"。目前发现的最早的小猪存钱罐，是公元前2世纪的。最初，存钱罐和小猪之间没有联系。大约在中世纪时期，陶器匠人制作陶土罐（pygg jars），用来盛米面盐等生活用品。因为家家户户有很多陶土罐，人们有时会将多余的钱币扔进空罐子里保存。后来，专门用来存钱的罐子被叫作"pygg bank"。有工匠将存钱罐做成猪的形状，大受欢迎。因为"pygg"的发音和"pig（猪）"一样，人们口中的"pygg bank"就慢慢变成了"piggy bank"。

外国小朋友怎么用零花钱

美国
支付自己的电话费、公交车费。

日本
自己管理。如果丢失或者超支了，爸爸妈妈是不会补贴的。

新西兰
为慈善公益活动捐款。

英国
1/3 的英国儿童将零用钱和打工收入存入银行，学习理财。

学会用钱分享快乐

你知道吗？钱可以用于帮助别人，把世界变得更加美好。有时，你会发现，这小小的给予，会让你得到更多的快乐。不信，就看看瑞恩·希里杰克的故事吧。

为非洲儿童挖一口井！

2001年，小男孩瑞恩·希里杰克在加拿大国际发展协会的帮助下，成立了"瑞恩的井"基金会。2002年10月，他作为唯一的加拿大人，被评选为"北美洲十大少年英雄"。这一切来自他6岁时的一个小小的愿望——为非洲儿童挖一口井！起初，挖井的钱是靠他一个人做家务赚来的。然后亲戚、朋友、邻居也加入了这个行列……随着时间的推移，他的心愿鼓舞了全世界六十多个国家的成年人，帮助瑞恩的队伍越来越庞大，人们纷纷解囊相助。到2003年年初，"瑞恩的井"基金会有70多万加元，已经在非洲挖了70多口水井，帮助了很多人。

小实验：会变大缩小的魔术硬币

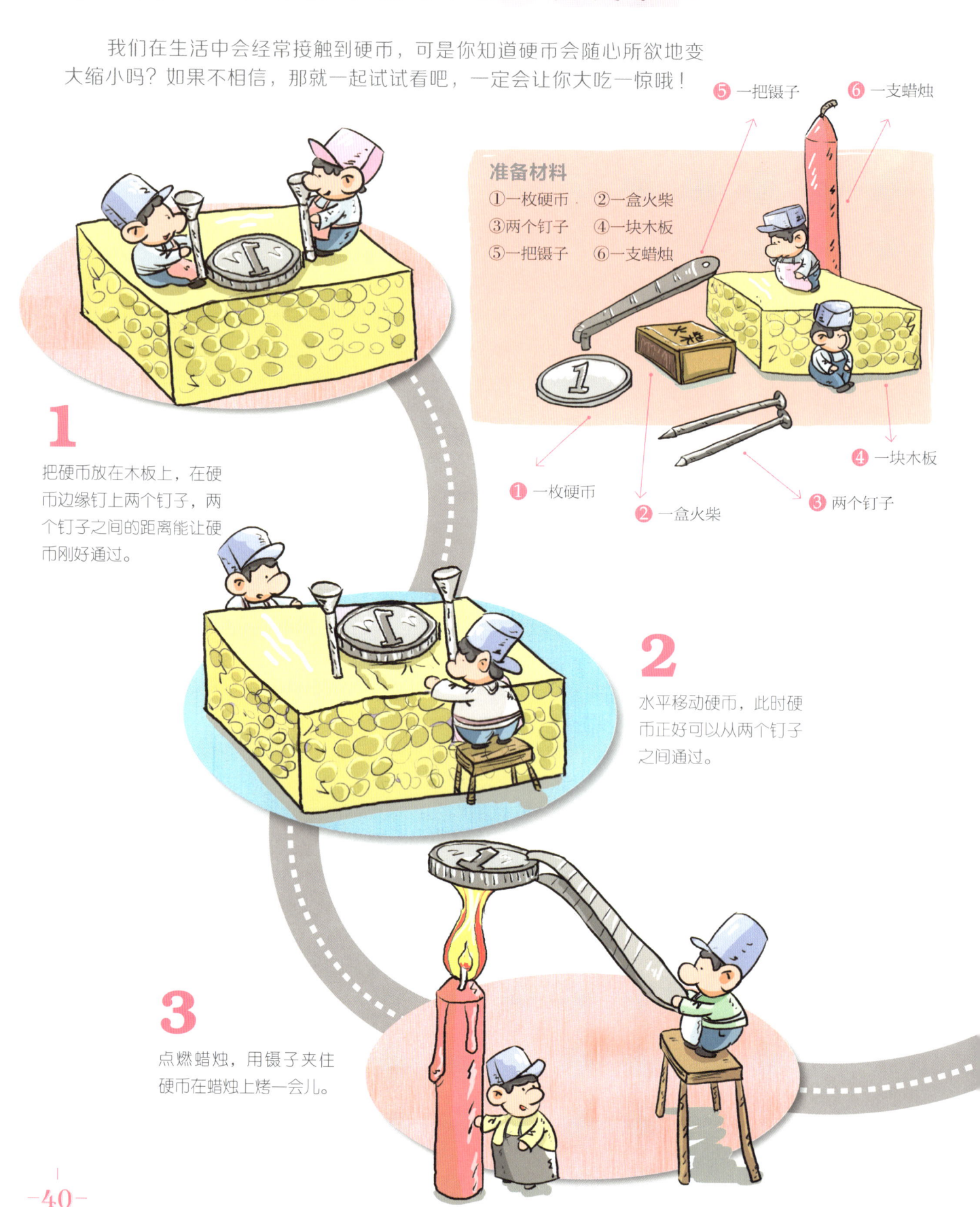

我们在生活中会经常接触到硬币，可是你知道硬币会随心所欲地变大缩小吗？如果不相信，那就一起试试看吧，一定会让你大吃一惊哦！

准备材料
① 一枚硬币　② 一盒火柴
③ 两个钉子　④ 一块木板
⑤ 一把镊子　⑥ 一支蜡烛

① 一枚硬币
② 一盒火柴
③ 两个钉子
④ 一块木板
⑤ 一把镊子
⑥ 一支蜡烛

1 把硬币放在木板上，在硬币边缘钉上两个钉子，两个钉子之间的距离能让硬币刚好通过。

2 水平移动硬币，此时硬币正好可以从两个钉子之间通过。

3 点燃蜡烛，用镊子夹住硬币在蜡烛上烤一会儿。

4

用镊子把硬币放在木板上，让它从两个钉子之间通过，你会发现，硬币变"大"了，竟然被卡住了。

实验大揭秘

硬币之所以会变大缩小，是因为热胀冷缩的原理。把硬币放在蜡烛上烤一会儿，硬币受热膨胀，体积就会比原来大。此时把硬币放到两个钉子之间，硬币自然就会卡住。稍等一会儿，硬币冷却后恢复原状，自然又能从钉子之间通过了。

5

把硬币放置一会儿，让它完全冷却。

小朋友要用镊子来夹硬币，一定不要用手触摸，小心被烫伤哦！

6

再让硬币从两个钉子之间通过，你会发现，硬币又变"小"了，没有受到任何阻碍，顺利地通过了。

一定要水平放置

钱小文科学课

为什么瘪乒乓球一放在热水中就恢复了原状？

这种做法同样运用了"热胀冷缩"的原理。当把乒乓球放到热水中时，乒乓球里的空气受热膨胀，由气体膨胀产生的张力足以让瘪乒乓球恢复原来的形状。

DIY 超萌搞怪的小猪存钱罐

如果你的零钱太多，怎么把它存起来呢？当然是放进存钱罐里了。你想不想自己动手做一个可爱的小猪存钱罐呢？一起来试试吧。

准备材料

无纺布、PVC管、棉花团、缎带、剪刀、针线、手锯。

（提示：小朋友使用工具时，一定要小心，不要割伤手指。）

1 根据PVC管直径的大小，将无纺布剪成图示的样子，两块像骨头的布，一块大一些，一块小一些。用它们来包住存钱罐的侧面，四片圆形无纺布用来制作前后底边。

2 在PVC管的一面，用手锯锯出一个平行于底面的缺口，缺口的大小至少能放进一枚硬币。如果锯不好，**可以请爸爸帮忙。**

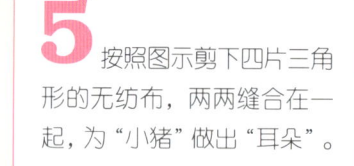

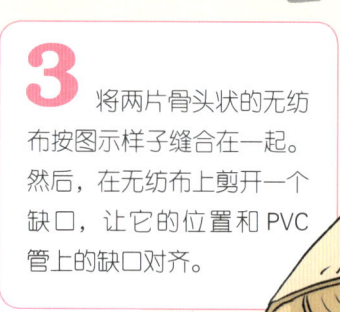

3 将两片骨头状的无纺布按图示样子缝合在一起。然后，在无纺布上剪开一个缺口，让它的位置和PVC管上的缺口对齐。

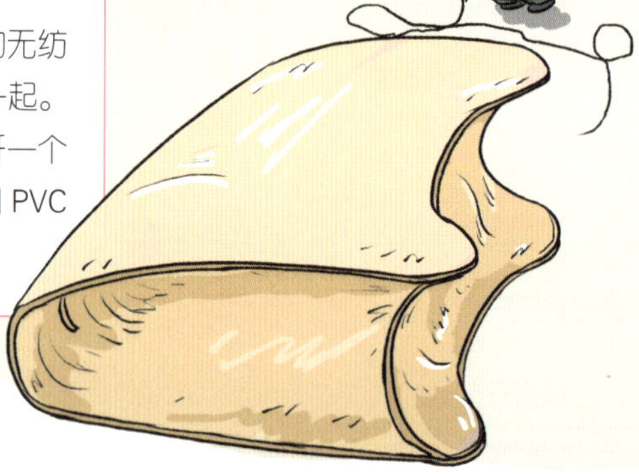

4 将缝好的无纺布套在PVC管上。再用棉花团将四个"脚"塞满，帮助"小猪"站稳。

5 按照图示剪下四片三角形的无纺布，两两缝合在一起，为"小猪"做出"耳朵"。

6 在椭圆形无纺布上缝出两道黑线发,作为"小猪"的"鼻孔"。然后将长方形无纺布包在"猪鼻子"的边缘,缝合固定。

7 在一片大的圆形无纺布上为"小猪"缝出两道"眉毛",再将"猪鼻子"缝在"眉毛"下面。看,"小猪"笑得多开心呀!

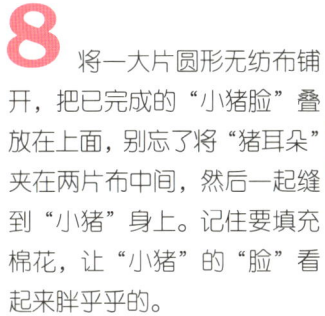

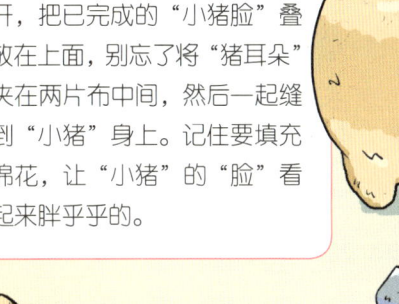

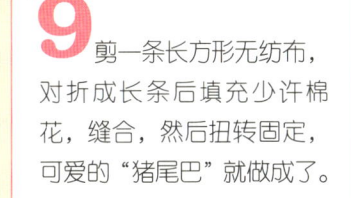

8 将一大片圆形无纺布铺开,把已完成的"小猪脸"叠放在上面,别忘了将"猪耳朵"夹在两片布中间,然后一起缝到"小猪"身上。记住要填充棉花,让"小猪"的"脸"看起来胖乎乎的。

9 剪一条长方形无纺布,对折成长条后填充少许棉花,缝合,然后扭转固定,可爱的"猪尾巴"就做成了。

10 在剩下的两片大圆形无纺布之间填充棉花,将之与"身体"缝合,再缝上"尾巴"。

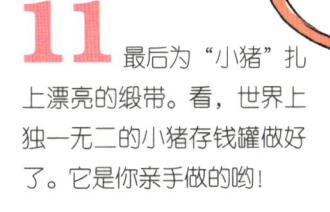

11 最后为"小猪"扎上漂亮的缎带。看,世界上独一无二的小猪存钱罐做好了。它是你亲手做的哟!

钱小文旅行记

我和我的小伙伴曾经到世界各地旅行，在旅途中遇到和听说了许多有趣的故事……

1 能说话的硬币

美国前总统肯尼迪深受蒙古人民喜爱，所以蒙古国2007年发行了面额500图格里克的硬币，背面印有肯尼迪的半身像。按一下肯尼迪的胸部，能够听到这位总统的演说摘要。

> 我们今天庆祝

2 松鼠皮货币

中世纪的俄国，将可爱的小松鼠的皮作为流通货币使用。为了让自己富有，人们到处猎杀松鼠。当时除了松鼠皮，许多动物的鼻子、爪子、耳朵也"扮演"过钱的角色。

松鼠皮

3 招财猫的发源地

相传东京豪德寺中的一只猫曾救过藩主井伊直孝的命。为报答救命之恩，井伊直孝给寺庙捐款，寺庙也因此成为招财猫的发源地。

4 新年祈福的硬币饺子

春节包饺子时，将一枚硬币放在一个饺子里面，谁吃到，就预示着来年有好运。据说这个风俗起源于农耕文明时期，表达了劳动者对新的一年的美好愿望。

5 最奇怪的石币

所罗门群岛的雅浦岛，有世界最大、最奇怪的一种货币：雷石。这些石头货币重量从3吨到8吨不等，几头牛都拉不动。

6 可以吃的钱

盐是世界上最古老的支付工具之一。薪水（salary）这个词就来源于罗马士兵买盐的钱。中世纪，盐是撒哈拉沙漠地区的主要货币，人们用舌头先舔一下盐块，确定是货真价实的盐之后，再切成小块进行交易。